FORTITUDE

(Poèmes et cheminement avec la vaillance)

Nouvelle édition

Christina Goh

FORTITUDE (Poemes et cheminement avec la vaillance)

Nouvelle edition
Contenant des vers inedits

Éditeur : BoD-Books on Demand
12-14 rond-point des Champs-Élysées, 75008 Paris
Impression : Books on Demand, Norderstedt,
Allemagne

Illustration : Alexas Fotos

ISBN : 978-2322221851
Dépôt légal : Avril 2020

A Martin, pour la belle surprise.

Partisan du moindre effort
Sans forcer

Rester couché, juste regarder
Sans plus forcer

Ne plus rien donner
Rien pour personne

Personne en pensée
Jamais… Et rire calibré

Ce sera sans moi,
Et sans forcer.

Avant-propos

Cher Lecteur,

Merci d'avoir voulu feuilleter ces pages.
Permets-moi s'il te plaît de te tutoyer.
C'est droit dans le cœur que je t'écris cette
prose. Si un seul mot de ce recueil t'émeut
alors cela valait peut-être la peine d'arriver
jusqu'à toi…

Cet ouvrage est une nouvelle édition d'un
recueil qui n'existait qu'en version e-book
publiée en 2014. Un de mes écrits les plus
intimes, publié très discrètement, et qui fût
paradoxalement l'un des plus populaires.

« Fortitude » est un ouvrage qui décrit, comme
souvent dans mes œuvres, un cheminement. Il
me fallait aller plus loin… Des vers inédits
sont venus approfondir cette expérience
particulière décrite dans ce recueil.

Au moment où je rédige cette note, je pense
fort à toi.

Très chaleureusement.
Christina Goh

Ils attendent la chute depuis longtemps…
Avant ce moment, ils se distraient :
Applaudissent, vous encensent…

Qui sont-ils ?
On ne le sait jamais
Jusqu'au jour où ils vous crachent dessus.

Mais quand on tombe de haut,
Pas besoin de précautions
Tomber… Pour s'envoler ?

1. Connaître Faiblesse

Horrible simulacre… Dégoût
Impuissance absolue… Peur
Je ferme les yeux… Déroute… Et pleure.

1.1 Où l'on rappelle que Faiblesse n'est pas Lâcheté, maladie chronique

La lâcheté est une maladie contagieuse
S'attrape dans les lieux obscurs
A l'ombre des éclats de lumières
Là où pousse le moisi des non-dits

Elle porte bien de noms fleuris
Et « Prudence » a fort à faire
Pour dissiper toute confusion
« Résignation » y a renoncé.

Les symptômes sont latents longtemps :
Les temps de réflexion s'allongent à l'infini
L'indifférence imprègne tout, nouveau réflexe
Et la passivité devient un art, constant calcul…

Puis explose le mépris, total et vain
Dédain absolu de l'autre et néant
Oui, la lâcheté est une maladie sournoise
Et le lâche, un fourbe qui refuse de guérir…

*A*insi parle la Perspective
« Dans le miroir en face de toi,
Ton côté droit est bien le gauche

Et pour te voir tel que l'autre te perçoit
Tu es tributaire de son regard...

Vulnérable es-tu...
Révolté en vain ou dépendant

Mais si tu acceptes ton sort
Tu te soignes. »

1.2 Où l'on apprend à mieux connaître Faiblesse…

Oh Faiblesse incomprise !
Oh Faiblesse humiliée !
Tu as été là depuis toujours
Seule amie d'une trouble origine

Méprisée, bafouée, et niée
Je te concevais comme les autres
Te repoussant de tout mon cœur
Voulant oublier jusqu'à ton souvenir

Aujourd'hui je me repends, me reprends
Te reprends, te saisis à bras le corps
Te connaître est ma victoire
Te reconnaître, t'accepter, ma félicité

Ils rient... C'est qu'ils ignorent l'essentiel :
Comme Faiblesse est la sublime sensibilité
Trace vibrante, intuitive, socle de toute vie,
Faiblesse rend vital Amour.

Ne veut-on pas paraître toujours plus fort ?
Pour certains, il vaut mieux se mentir
Quand d'autres préfèrent voler les forces
Riant : "aimer sincèrement est rare"... Non...

Rares étaient ceux qui aimaient Faiblesse !
Aujourd'hui, c'est un autre jour
Faiblesse, amie…
D'une autre vie.

1.3 Où l'on apprend l'amour de l'Espérance pour Faiblesse...

Il était une fois Elpis
Soeur des maux et des drames
Confidente des fomenteurs dudit chagrin
Ainsi parle celle qui devint Espérance :

Je fus l'Attente pour le pire
L'angoisse qui étreint le cœur
A l'étouffer
Pourquoi se le cacher ?
Je fus la crainte crée pour te blesser
Enfermée, cruelle, jusqu'à la fatalité

Et puis j'ai entendu ta voix
J'ai écouté ta vie, perçu ton souffle
Pleuré au son de tes truculents rires
Dansé au son de tes larmes habitées
D'amour. Tu fus ma liberté
Et j'ai compris...

Connaître ta Faiblesse
Fût ma rédemption
Du fond de mon gouffre
Entourée par mes pairs
Ta voix a fait de moi
Ton alliée

Et quand le temps fut venu
La porte du gouffre ouverte
Je suis restée
Au fond de ton antre
Pour t'éclairer
A toi de m'entendre...

Je suis Elpis, Espoir,
Je te guiderai parmi mes pairs
Je veux que tu vives.

Ce poème s'inspire du mythe gréco-romain de Pandore.
Pour rappel, Pandore apporta dans ses bagages une jarre mystérieuse que Zeus lui interdit d'ouvrir. Celle-ci contenait tous les maux de l'humanité, notamment la Vieillesse, la Maladie, la Guerre, la Famine, la Misère, la Folie, le Vice, la Tromperie, la Passion, l'Orgueil ainsi que ladite Espérance. Quand elle ouvrit la boîte, tous s'échappèrent et se répandirent dans le monde sauf l'Espérance.

1.4 Où Faiblesse serait une clé pour mieux connaître l'intérieur…

Avant d'être faible, j'étais immortel
Regardais du piédestal et avec pitié
Tout ce qui différait sous mon ciel de plomb

Avant d'être faible, j'étais bien assis
Discourais à perdre haleine sur les guerres
Et les morts ne comptaient pas, juste ma vie

Et puis un jour, bousculé,
Par Hasard, malmené, j'ai trébuché

Des limites… Où que se tourne le regard…
Des questions… Jusqu'où porte la mémoire ?

Je suis à nu. Vulnérable.
Je transpire, je respire plus fort…

Et j'entends… J'entends le cœur. Enfin.
Il bat plus fort !

Ne pas l'écouter était un mirage…

2. Mirages

Tantôt rêve, tantôt cauchemar
L'illusion garde son goût amer
Et ses fantômes rôdent, rapaces
Ils ne veulent rien laisser de l'Espoir…

Parmi ces ombres trainent les désirs,
Sombres tourments d'anciennes envies
Avortées, laissant la place aux mirages
Reflets d'une vie qui nous échappait…

2.1 Où les mirages se dessinent…

Si on était en enfer…

La femme respectée serait prostituée
L'homme au pouvoir serait violent

L'ignorant serait exploité autant que faire se
peut
Le sacrifice et la souffrance seraient une
norme

La nature compterait pour rien, un décor…
Si elle avait une loi, ce serait celle du plus fort

Si on était en enfer…

La faiblesse serait ridiculisée puis exterminée
La ruse, l'outrage constitueraient des modèles

L'entraide sans intérêts n'existerait pas
Le mensonge serait un cancer quotidien

Les âmes vivraient dans la peur de la douleur
Et les hostilités n'auraient jamais de fin…
Jamais

Si on était dans ce bagne, ce théâtre infernal...

La mort serait considérée comme un jeu, une
stratégie
Quand aimer l'autre serait une légende...

Si...

Il suffit !
Retour à la réalité :
Dans ce monde...
Tu peux lire ce poème...

2.2 Où l'on réalise l'illusion appelée Mensonge...

Mensonge nous a vus naître
C'étaient les non-dits devant le nouveau-né
Ce que les anciens gardent pour plus tard...

Grandir est une lutte sans merci, pour savoir,
Un combat épique, distinguer le vrai du faux
D'un monde où tromper est art et sciences

Mensonge est le compte à rebours
Qui mène à la mort de la conscience de l'être
Sans intégrité, que reste-t-il de nos certitudes ?

Rien ne laisse jamais croire à l'illusion
Pourtant elle est partout ce qu'on respire
Affinée... Quand la vérité serait brute...

Mensonge disparaît toujours comme il est né
A l'occasion d'une faille de courage, vacille
Ne tient plus debout, et tombe dans l'absurde.

J'ai échappé à la vanité, ogresse dévorante
J'ai plongé lors de sa poussée violente
Me suis envolée pour me blottir au creux
De tes bras, ô Simplicité.
Et je vois au loin ses feux
Rugissants comme des volcans de furie
Ils ont souvent brûlé mon ombre à la lie
Ancienne torche de nuits âpres de doutes
Mais la délicate brise caresse, je goûte
A la finesse de la sublime douceur
Ô tendresse d'un nid, à la cime
De verte montagne... Sente à double sens
Je ne suis que reconnaissance...
Car éperdue... Je l'ai été. Presqu'en cage...
Rechapée de la consomption de la rage

La loyauté est un cristal,
Qu'y voit-on ?
Un chemin.

2.3 Où il arrive que le les mirages se dissipent et on y voit plus clair…

De loin, il semble que ce soit la seule route
Dégagée, illuminée, chatoyante de soleil
Quand on s'approche, il faut s'incliner
Une branche mutante a poussé tout le long
Impossible d'en trouver l'origine...
Elle dissimulait toute l'humidité et la boue

Elle oblige à s'agenouiller, puis à ramper,
Plus on glisse, plus on s'enfonce, on l'avale…
La boue... Et cette odeur de pourriture…
Le souffle se fait court et le soleil est loin
On oublie tout, tout
Même de respirer…

Il faut faire demi tour, ça coûte, c'est si long…
On est devenu immonde, méconnaissable
Je retrouve un peu de souffle,
Elle n'avait pas d'issue, la voie.
C'était une illusion de sortie, la fin
Il n'y a donc plus de chemin, faudrait-il voler ?

Comment ? Le désespoir me gagne. Je pleure.
Je regarde à gauche, puis à droite, partout…
Là !

Il y a un sentier obscur, à peine visible,
Un peu sur le côté, caché par la broussaille,
Il faudra trancher les lianes à mains nues…

Couper, écorchée vive, mais je respire !
Mes pieds, sur la terre ferme… et douce,
J'avance
Le vent a séché sur moi la boue, se craquelle,
Elle tombe…
Le sentier bien là, il semblait oublié…

Et je sens l'odeur épicée, merveilleuse du bois,
Il vit. Oui, j'entends toute cette vie grouillante,
Les chants, les oiseaux…
Et les encouragements de la rivière,
Elle danse…
Je pourrais boire, me laver et vivre !

J'ai retrouvé la route de la maison.

2.4 Où se distingue bien une troisième voie

Ni l'euphorie, ni la douleur… Mais la quiétude
Ni la haine, ni l'amour, mais le dégagement
Ni le rire, ni les pleurs, juste la lueur
D'espoir qui refuse de renaître ou de mourir
C'est plutôt une guérison
Du plus profond de soi

Quand on revient de si loin
Là où s'étaient perdus les rêves
Labyrinthe des enfers, terriers du paradis…
On porte enfin sur la vie
Un regard que plus rien n'oppresse.

Libre de l'anomalie de son triste dictat
Je ne serai plus trompée par Couardise
J'ai la force de le lui dire, sans férir :
« Rien ne nous rattache, et dans cette vie,
t'aurai-je aimé sans savoir, tu en aurais fait un
écrin où reposerait le bijou à offrir pour la
chute de mon âme ! »

Ni euphorie, ni douleur… Mais la quiétude
C'est la troisième voie.

Souvenir…
C'est le mot pour désigner ce qu'on a
choisi de délaisser.

2.5 Où les mirages deviennent des souvenirs…

Comment pourrait-on contrôler quoi que ce
soit ?
On voit s'improviser le pire de nos terreurs...
Faillites, explosions, deuils et les erreurs...
Et comme elles coûtent ! En direct.

Et si malgré toutes les paniques nocturnes
Certains aspiraient encore à dame Puissance
La liste des dites vanités apocalyptiques
Se déroule en couleur. Proche, la chute…

Ni maîtrise, donc, ni intensité,
Juste la fadeur d'une vie dont les ardeurs
Seraient vouées au hasard de nos peurs…
Non ?

Non.

Dans les chassés-croisés de sombres douleurs,
Puissance n'est pas loin, jamais, nous connaît
A l'instant, Lecteur, arrête de lire, s'il te plaît
pourrais-tu sourire ? Oui, sourire…

Merci. Pourrais-tu reprendre ta lecture ?

Si on a le contrôle au point de presque rire,
On a encore la force, l'énergie, de pouvoir…
Puissance est ainsi compagne, sœur de cœur
Douce mie ! Ô vigueur, enfin...

Puissance, pragmatique Espoir.

3. Vient la force

Plus rien ne sera jamais plus pareil
L'Impulsion plus juste, Expérience
Une portée précise et différente
On découvre Efficacité

3.1 Où l'on en apprend un peu plus sur la force…

Ils aimeraient savoir
D'où vient la force
Et pourquoi elle résiste

Ils voudraient la voir à terre
Sans aucune lumière
A tâtonner dans la pénombre

Ils pensent tout savoir
Mais ils ignorent d'où elle vient
La force.

Elle n'est qu'amour et bon sens
De fleuves en feu
Elle sait où elle va, nous entraîne…

Joyeuse danse intérieure !

La nature a toujours été une carte pour notre itinéraire sur cette terre.

Qui prendra le temps de l'exploration ?
En commençant par sa propre nature…

3.2 Où l'on délaisse ce qui reste des souvenirs mirages chauds et froids...

Réconfort et déjà vu
Heureux instants, aucune tension...
Qu'aurions-nous donc à prouver ?

Loin des extrêmes où l'on se blesse
La tiédeur est une délicatesse
Où l'on se pose, précieux instant...

On nous apprend la passion dépressive
L'ivresse des tristesses euphoriques
Bouillant ou glacé... Tuant !

Quand la tiédeur est rare, inestimable,
Sans rigueur, ni horribles négligences
Parfait équilibre des contraires...

Elle répond au sang qui coule
Dans nos veines... Tièdes.
Et s'harmonisent l'extérieur et l'intérieur...

Immersion de l'être, douce moiteur,
Oh, caresses à l'infini sur la peau...
S'harmonisent l'extérieur et l'intérieur...

Et mes lèvres vibrantes et tièdes peuvent offrir
un baiser…

3.2 Où l'on se découvre expérimentant la force, mais sans avoir appris

Pulsation originelle, première, ô délicieuse !
Pont musical au-dessus de mers rouges…
Le cœur pourrait tenir dans une main;
Petite pompe qui anime un bien grand corps
Irrigue l'ensemble... Flux et reflux,
Moteur d'un immense vaisseau naturel.

Son rythme nous berce ou nous réveille,
Équilibre délicat, énergie cadencée...
Petit cœur n'en fait qu'à sa tête :
Capte, filtre, partage, donne...
Il sait, a toujours su comment faire,
Il ne bloque rien, sinon il meurt...

L'entends-tu ?
Nous savons donc comment aimer (cœur).
Sans avoir appris. Depuis toujours.

Arrêter d'y croire, c'est cela la vraie mort.
Ceux qui l'enseignent sont nombreux,
Zombis soucieux des apparences du vivant...

Ô pulsation originelle, ô cœur, oui intuition !
Son rythme nous berce ou nous réveille...
Et on se souvient.

Fleuves de feu
Mers rouges...

Serpentent les vaisseaux
Ils se déchargent
Accostent, se remplissent
Au cœur.

3.3 Où l'on se rappelle du vivant

Il s'agissait de se rappeler le vivant
La mort aurait pris son sens
Chaque être, chaque qualité
Autant de liens, pour une précieuse vie.

Il s'agissait de se prendre par la main
S'unir, sourire, s'illuminer
Une longue chaîne, chaude, chaleureuse
Sans début ni fin, humaine éternité…

Les plaisirs, le manque, l'envie, les désirs
Tant, trop et tout ce qui nous tournent la tête
Et les illusions nous ont donné le temps
Et n'ont plus de maîtres depuis longtemps.

Je me souviens de l'intime souffrance
Puis de l'espoir, de la profonde désillusion
Puis mon cœur s'est fondu dans le tien
« Nous » pour comprendre le tout

Vivants nous sommes.

La chute est un basculement,
C'est un saut plus ou moins bien
préparé.

3.4 Où l'on se découvre plusieurs vies

Oui, je suis tombé

Mais sans y penser
Je me suis retourné
Et sans me blesser…
Je me suis posé

Je ne suis plus un couard

Dans la nuit noire
Longeant les couloirs
J'ai pu tranquillement y voir
Sans accessoires

Je suis un chat.

A *trop le regarder... Vaciller*
A trop méchamment le bousculer
Ils lui ont appris à danser
Le pied léger, il cabriole
Saute de plus en plus haut
Ne voilà-t-il pas qu'il vole à présent !

A trop vouloir l'irriter... Le blesser
A trop le triturer
Ils lui ont donné d'apprendre
La maîtrise, il ne sait plus souffrir
Se remet de plus en plus vite
Ne voilà-t-il pas qu'il en rit doucement !

Qui sont-ils ? Cela n'a jamais compté.
Et à trop lui avoir donné
Il ne leur reste plus rien. Aujourd'hui
Il leur faudra commencer à espérer
Recevoir. Pour la première fois.
N'ont-ils pas appris le meilleur ?

3.5 Où je peux encore aimer, amour…

Je t'aime comme je respire
Toute ma force n'a été qu'amour
Pour ce que tu es, même ton ombre
Est mon écho, mon cœur est le tien
Que toute parcelle de mon être témoigne !

Je ne sais ce que tu as été et où
Qu'importe. Ma force est la tienne, donnée
Ton souffle exhale le mien,
Mon amour, ma volonté, mon courage !
Que toute parcelle de mon être témoigne !

Ils me disent de faire attention…
Disent qu'aimer fait mal…
Que la trahison assassine…
Ils croient savoir… Ah ! Je ne sais rien
Que toute parcelle de mon être témoigne !

Oui, je t'ai aimé à me fondre, te choisis encore
Comme je te sens jusque dans mes rêves
Tes mots ne sont-ils pas ceux que j'ai désirés ?
Ton histoire est déjà imprégnée en moi...
Oui, toute parcelle de mon être témoigne !

Les mers rouges qui me composent, ce flot continu dans mes veines, présagent-ils l'immensité de nos ressources intérieures ?

Chaque individu serait donc un flux, un monde qui navigue sur l'abondance d'une terre bleue ?

3.6 Où, dans le réconfort, je t'embrasse, ô vent, ma liberté !

Nul besoin de ces rayons brûlants
Ton être au creux de moi me tempère
Nul besoin de toutes ces ténèbres
Nos silences sont mes nuits profondes
La tendresse me dévore…

Que nos lèvres tièdes se frôlent
Et souffle le vent libre, impétueux…
Oh ! C'est le désir, la soif, l'ardeur
Cette danse salvatrice qui éveille nos sens
Et chaque parcelle de peau qui s'illumine…

Tournoient les remous de la passion
Se rassemblent en un immense
Vertige. Sans frayeur, ni chaos
L'extase transforme notre univers
Pourquoi lutter ? Je capitule.

Nos souffles sont déjà mêlés…
Je te respire désormais.
Le néant s'efface.
"Nous" est.
Libre.

Il n'y a plus de tyrannie en moi.

Trop d'émotions et de mécanismes sont sollicités et développés simultanément pour répondre à l'analyse de la multitude des faits de mon quotidien.

Ce processus instantané et complexe ne permet pas à une émotion d'émerger malaisément et de paralyser le système de mon être...

3.7 Où tu apprends que tu as déjà vaincu et tu ne le savais pas.

J'ai croisé tes grands yeux transparents
Ton regard est ta parole, aucun artifice
Tu donnes ton affection à qui tu veux.
Cela n'a jamais été une affaire de sang
Plutôt une force d'amour indescriptible
Un lien indestructible même invisible
Puis se voir, se comprendre, oui je t'aime...

Du champ de guerre où tu te tiens, vaincs
Sur la faiblesse où tu te perds, gagnes
Toute la force de mon affection et celle
De tous ceux qui t'aiment, ô aimable
T'accompagnent depuis toujours, oui
Pour respirer mieux... Faire sourire ton âme....
Humain, ton nom n'est-il pas Eternité ?

Christina Goh
France, Avril 2020

4. Ne nous fions plus aux apparences

Il faut du temps pour détruire un homme
En dépit des rumeurs
Et à chaque étape de ce processus morbide
Tout peut s'écrouler

Car ce quelque chose à l'intérieur de nous
Est inflammable
La moindre étincelle et on s'embrase
Technique de vie invisible à tout œil…

Une vague impression de déjà-vu…
Piqûre de rappel, une joie libre de tout
Puis un « non », un courage imprévisible,
C'est la fortitude.

Ce sont les bourreaux qui le disent
Et ils le tiennent de siècles d'échec
Ne nous fions plus aux apparences
Il faut du temps pour détruire un homme.

Et le temps n'est qu'un concept…

Je sais l'âpreté et le vide…
Il ne reste que des cendres ?
Ami, soyons Phénix.

Table des matières

Quelques mots sur l'auteure

Christina Goh est une vocaliste, compositrice et écrivaine française d'origine ivoiro-martiniquaise à l'univers artistique pluridisciplinaire. Auteure d'une technique vocale pour accompagner les percussions à haute portée, la compositrice est également membre du Conseil d'Administration de l'Association Française pour la Percussion. Nominée aux IMA USA pour son éclectisme, membre du jury des 15èmes Independent Music Awards USA, l'essayiste et poétesse est contributrice pour la revue mondiale de la francophonie « Mondes Francophones ».

Découvrez l'univers musical
et poétique de Christina Goh

www.christinagoh.com

Une biographie atypique…

DU NOIR ET BLANC A LA COULEUR – EXTRAITS D'UNE VIE

La biographie de Christina Goh nous laisse déconcertés. Mais sa plume poétique nous guide dans le dédale du destin d'une artiste unique où l'expérience ne vaut que pour le meilleur du partage.

Christina Goh
ISBN 978-2322030385
Couverture souple, 110 Pages

La forme poétique à forme fixe crée par
Christina Goh et un fil directeur…

ANCRE (Poèmes à étages)

"Toit invisible de l'union des âges,
Toi seul connais le chant des silences...
Ton regard manque sans qu'on le sache…"

Pourquoi l'absence ?
Rien ne présageait un ouvrage aussi
particulier, à la fois intime et universel, subtil
et ouvert à tous. Christina Goh réussit l'exploit
de nous troubler encore pour le meilleur du
partage et de l'exploration littéraire.

Christina Goh
ISBN 978-1657296213
Couverture souple, 56 Pages

Carnets de route et confidences

CENTRE (FOCUS)
Christina Goh

"Ces détails qui meublent les silences entre les vers et les notes musicales... La remémoration de cette double décennie de carrière est un labyrinthe, voici mon fil d'Ariane."

La vocaliste internationale de Blues et poétesse Christina Goh propose ici un essai surprenant qui croise délicatement l'intimité de nos vies.

Christina Goh
ISBN 978-2322191772
Couverture souple, 68 Pages